ENGLISH KAZAKH

VISUAL DICTIONARY

Tuomas Kilpi

OPPIAN

Publisher: Oppian Press
Helsinki, Finland

ISBN 978-951-877-179-4

Table of Contents • Мазмұны

fork
шанышқы

knife
пышақ

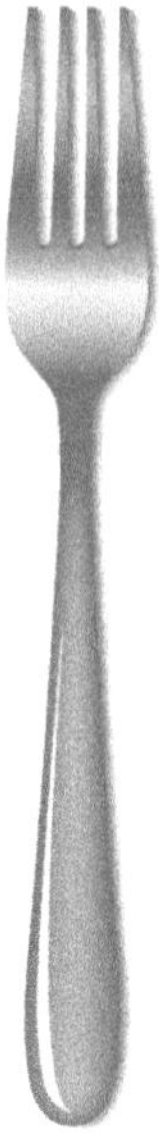

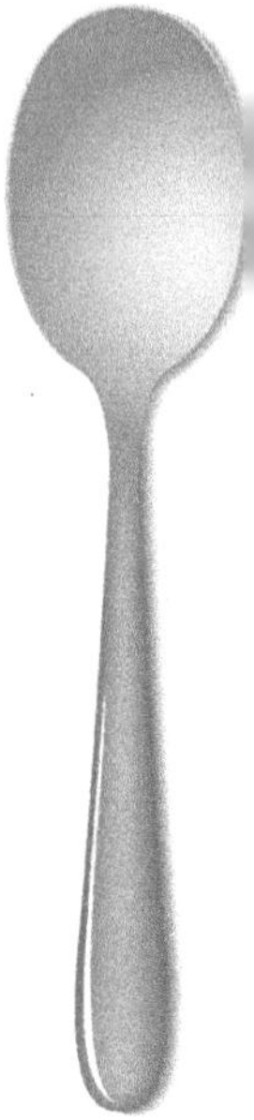

plate
тәрелке

spoon
қасық

pot
қазан

glass
стақан

frying pan
таба

mug
саптыаяқ

teapot
шәйнек

strainer
шәй сүзгіш тор

spatula
кулинариялық қалақша

beans
бұршақ

rice
күріш

potato
картоп

date
құрма

tea
шәй

coffee
кофе

apple
алма

pear
алмұрт

banana
банан

carrot
сәбіз

sweet potato
тәтті картоп

garlic
сарымсақ

onion
пияз

pineapple
ананас

strawberry
құлпынай

orange
апельсин

coconut
сокок

lemon
лимон

kiwi fruit
киви

tomato
қызанақ

cucumber
қияр

raspberry
таңқурай

grapes
жүзім

apricot
өрік

papaya
папайя

melon
қауын

plum
қараөрік

mango
манго

watermelon
қарбыз

aubergine
баклажан

fig
інжір

chili
чили бұрышы

cauliflower
түрлі-түсті қырыққабат

turnip
шалқан

leek
көк жуа

cabbage
қырыққабат

mushroom
саңырауқұлақ

lettuce
салат жапырағы

salt

тұз

cooking oil

күнбағыс майы

flour

ұн

sugar

қант

margarine
маргарин

milk
сүт

cheese
ірімшік

bread
нан

pasta
макарон

ice cream
балмұздақ

cookie
печенье

chockolate
шоколад

man
еркек

woman
әйел

girl
қыз

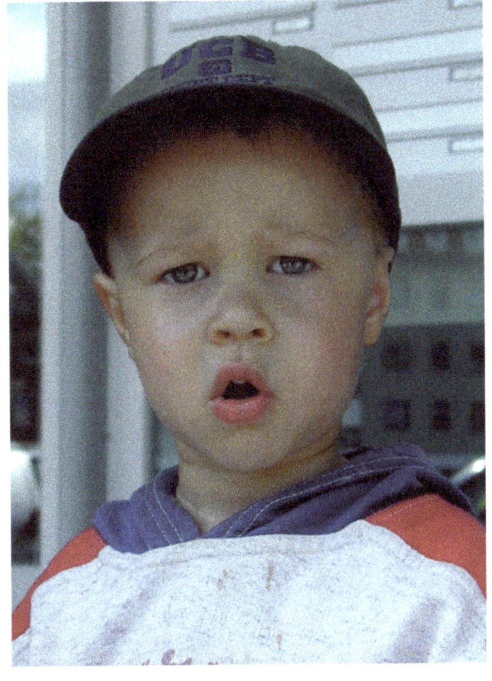

boy
ұл

coat
күрте

pants
шалбар

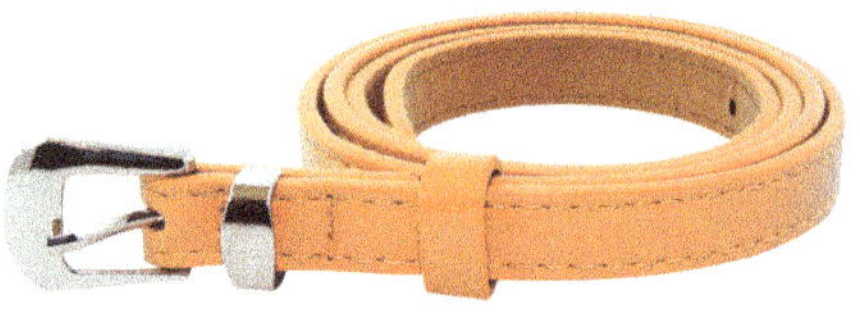

belt
белдік

socks
шұлық

shoes
аяқ киім

shirt
жейде

skirt
белдемше

scarf
мойынорағыш

boots
екңетәб

hat
шляпа

lamb
қозы

cow
сиыр

fish
балық

cat
мысық

pig
доңыз

dog
ит

chicken
тауық

egg
жұмыртқа

squirrel
тиін

bear
аю

rat
егеуқұйрық

hare
қоян

wolf
қасқыр

fox
түлкі

moose
бұғы

snail
ұлу

spider
өрмекші

frog
құрбақа

wasp
apa

bee
бал арасы

mosquito
маса

bathroom
жуынатын бөлме

kitchen
асүй

bedroom
ұйықтайтын бөлме

living room
қонақ бөлме

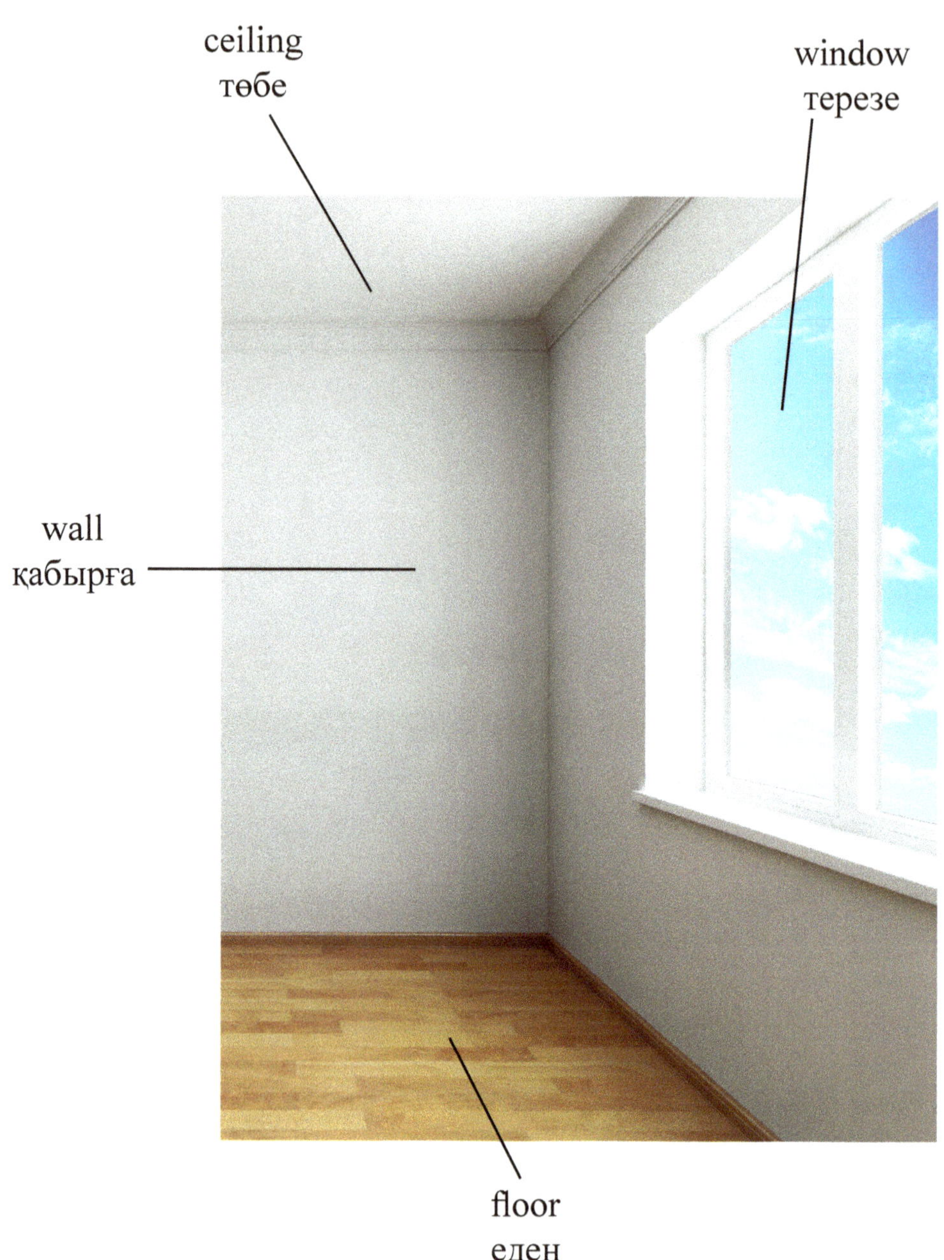
ceiling
төбе
window
терезе
wall
қабырға
floor
еден

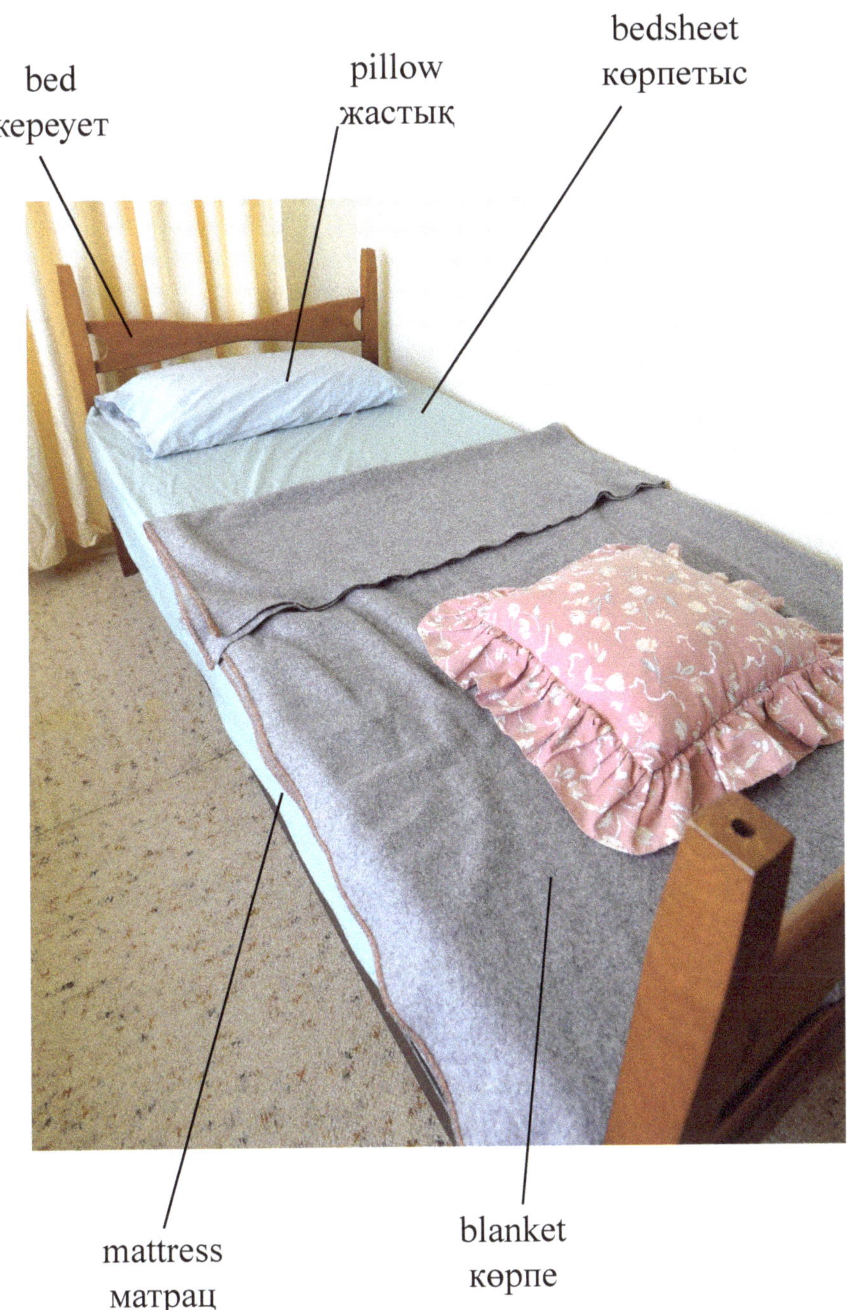

bed
кереует
pillow
жастық
bedsheet
көрпетыс
mattress
матрац
blanket
көрпе

rug
кілемше

lamp
шам

umbrella
қолшатыр

table
үстел

chair
орындық

scissors
қайшы

envelope
конверт

stamp
марка

parcel
сәлем-сауқат

soap
сабын

toilet paper
әжетхана қағазы

toothbrush
тіс щеткасы

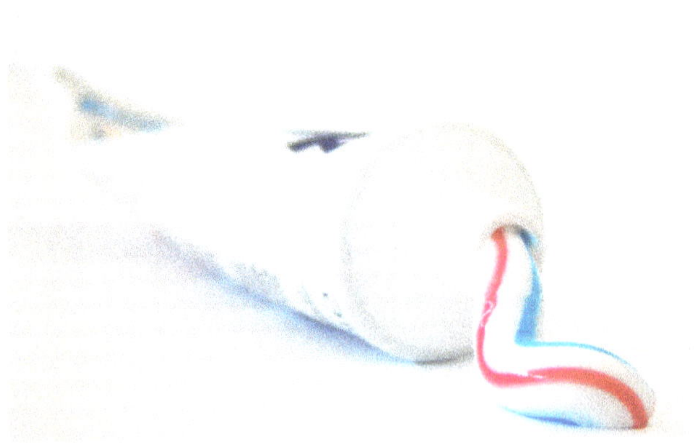

toothpaste
тіс пастасы

brush
щетка

comb
тарақ

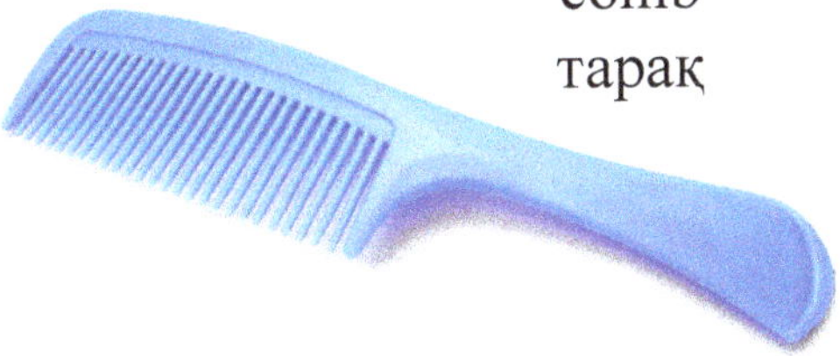

dental floss
тіс тазалағыш жіп

deodorant
дезодорант

scale
таразы

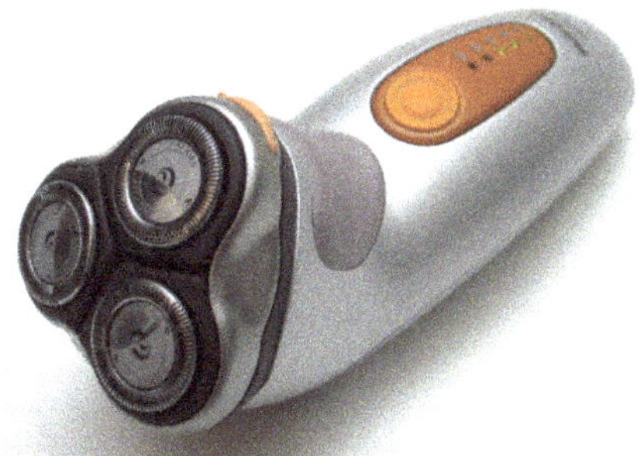

electric razor
электрлі ұстара

television
теледидар

remote control
пульт

mouse
тінтуір

computer
компьютер

printer
принтер

book
кітап

phone
телефон

charger
зарядтағыш

microwave oven
микротолқынды пеш

calculator
калькулятор

key
кілт

eyeglasses
көзілдірік

electric drill
электрлі бұрғы

screwdriver
бұрағыш

screw
бұрандалы шеге

naula
nail
шеге

hammer
балға

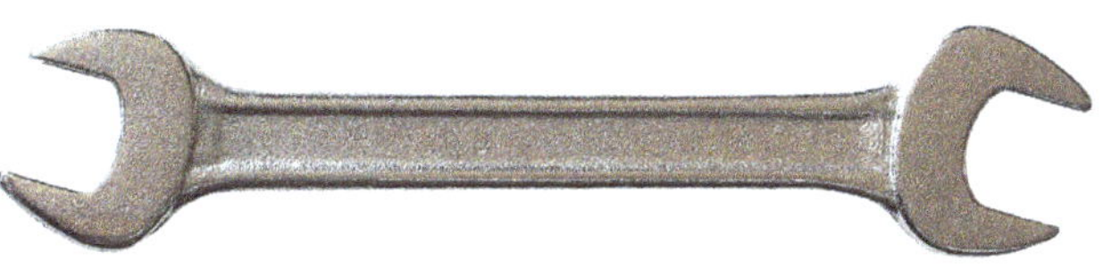

wrench
гайкалы кілт

credit card
несие картасы

wallet
әмиян

banknote
банкнот

coin
тиын

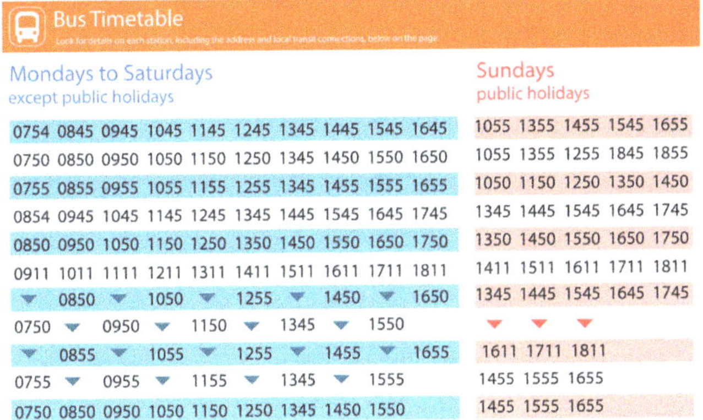

Mondays to Saturdays
except public holidays

0754	0845	0945	1045	1145	1245	1345	1445	1545	1645
0750	0850	0950	1050	1150	1250	1345	1450	1550	1650
0755	0855	0955	1055	1155	1255	1345	1455	1555	1655
0854	0945	1045	1145	1245	1345	1445	1545	1645	1745
0850	0950	1050	1150	1250	1350	1450	1550	1650	1750
0911	1011	1111	1211	1311	1411	1511	1611	1711	1811
▼	0850	▼	1050	▼	1255	▼	1450	▼	1650
0750	▼	0950	▼	1150	▼	1345	▼	1550	
▼	0855	▼	1055	▼	1255	▼	1455	▼	1655
0755	▼	0955	▼	1155	▼	1345	▼	1555	
0750	0850	0950	1050	1150	1250	1345	1450	1550	

Sundays
public holidays

1055	1355	1455	1545	1655
1055	1355	1255	1845	1855
1050	1150	1250	1350	1450
1345	1445	1545	1645	1745
1350	1450	1550	1650	1750
1411	1511	1611	1711	1811
1345	1445	1545	1645	1745
▼	▼	▼		
1611	1711	1811		
1455	1555	1655		
1455	1555	1655		

timetable
кесте

passport
төлқұжат

driving licence
көлік айдау құқығы

fingerprint
бармақ ізі

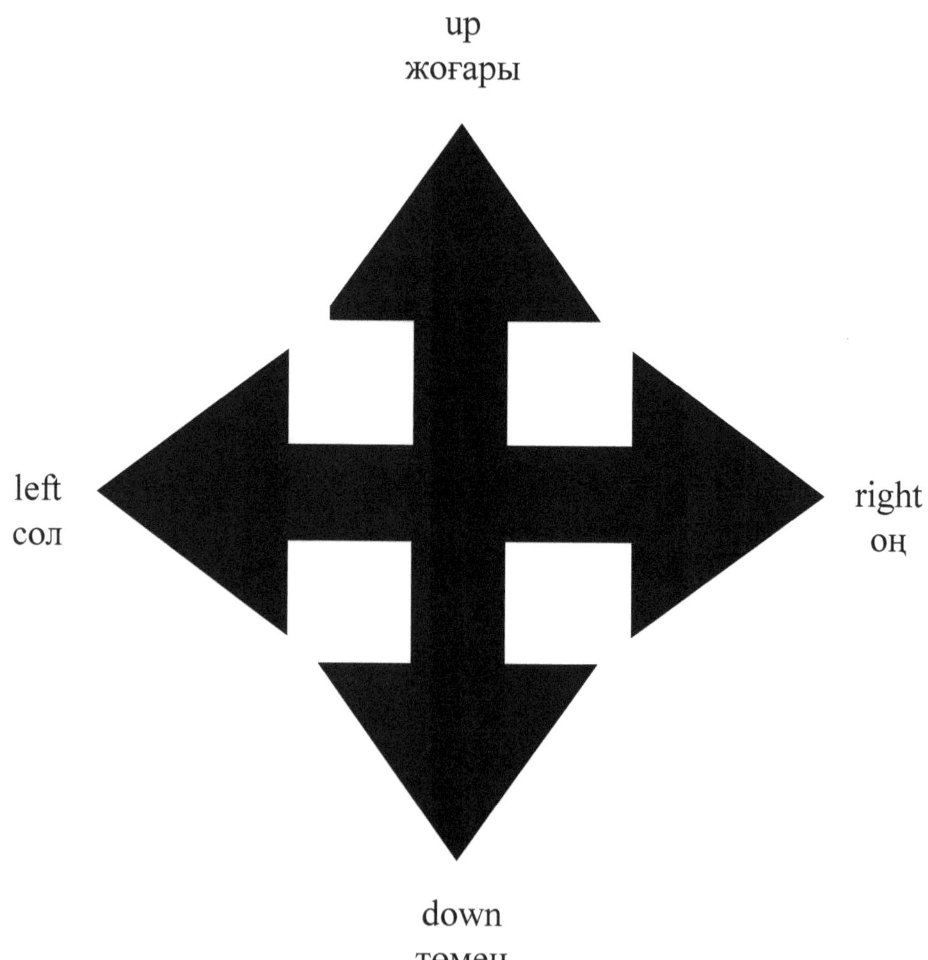

up
жоғары
left
сол
right
оң
down
төмен

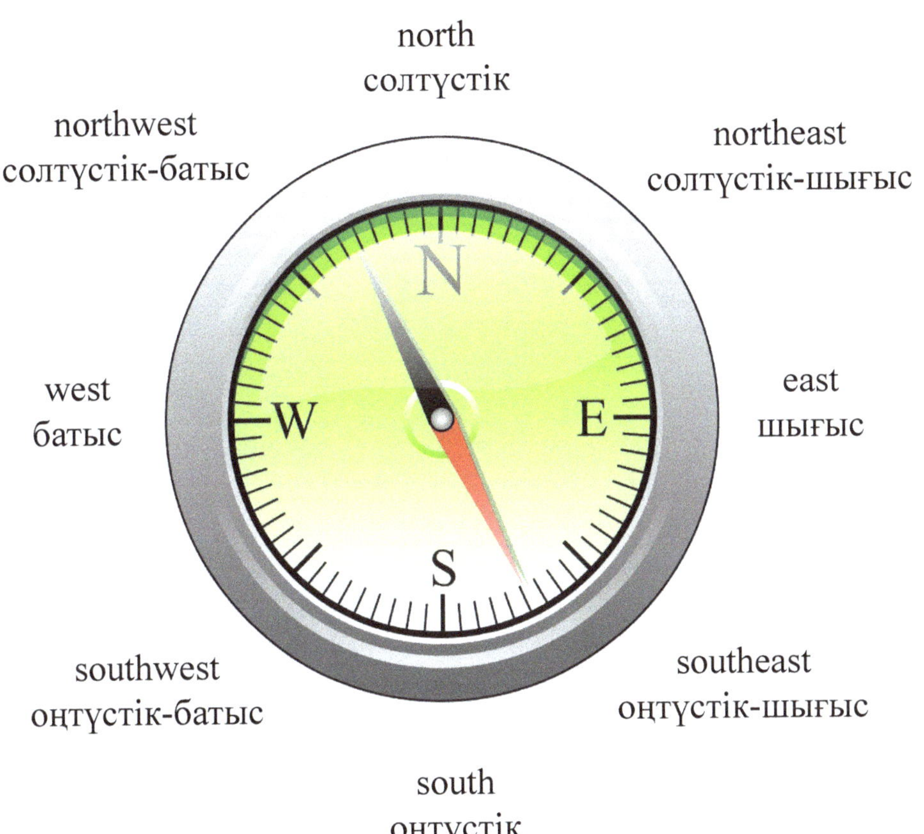

north
солтүстік
northwest
солтүстік-батыс
northeast
солтүстік-шығыс
west
батыс
east
шығыс
N
W
E
S
southwest
оңтүстік-батыс
southeast
оңтүстік-шығыс
south
оңтүстік

shoulder bag
аспалы сөмке

briefcase
чемодан

plastic bag
пластик дорба

backpack
жолдорба

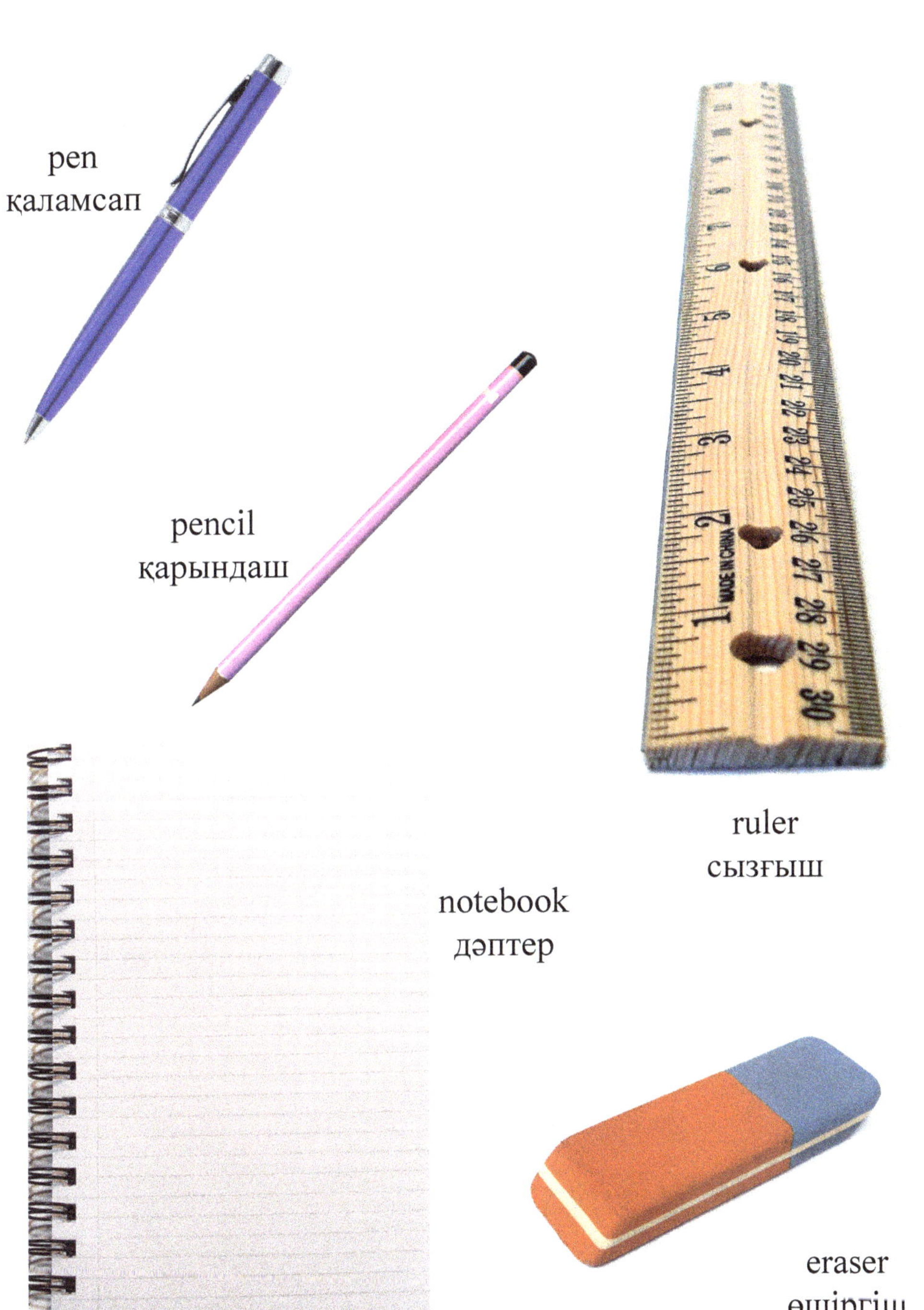

pen
қаламсап

pencil
қарындаш

ruler
сызғыш

notebook
дәптер

eraser
өшіргіш

car
жеңіл көлік

bus
автобус

van
минивэн

train
пойыз

tram
трамвай

motorcycle
мотоцикл

bicycle
велосипед

airplane
ұшақ

traffic lights
бағдаршам

traffic sign
жол белгісі

zebra crossing
лож ептө уяаж

gas station
жанармай құю станциясы

bus stop
автобус аялдамасы

vacuum cleaner
шаңсорғыш

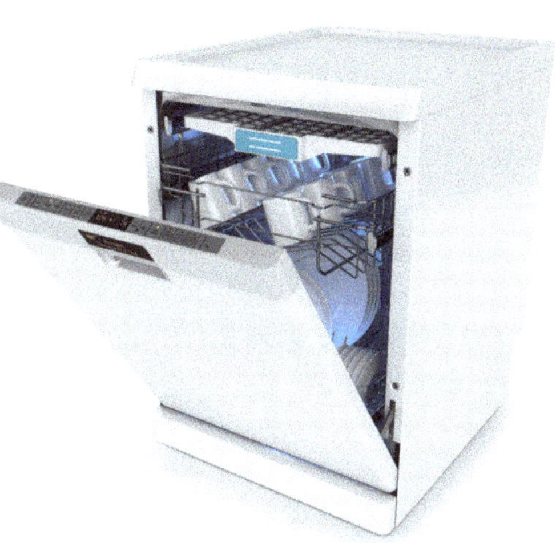

dishwasher
ыдыс жуғыш машина

smoothing iron
үтік

ironing board
үтіктеугс арналған тақта

mop
еден жуғыш

cleaning sponge
тазалағыш губка
cleaning cloth
тазалағыш шүберек
broom
сыпырғы
dusting pan
қалақ
spray bottle
сепкіш баллон шелек
bucket
шелек

cot
балалар кереуеті

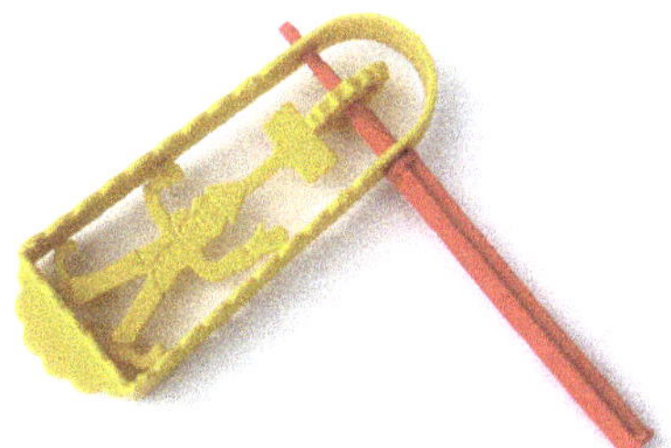

baby rattle
балалар сылдырмағы

diaper
жөргек

pacifier
емізік

pram
бесік-арба

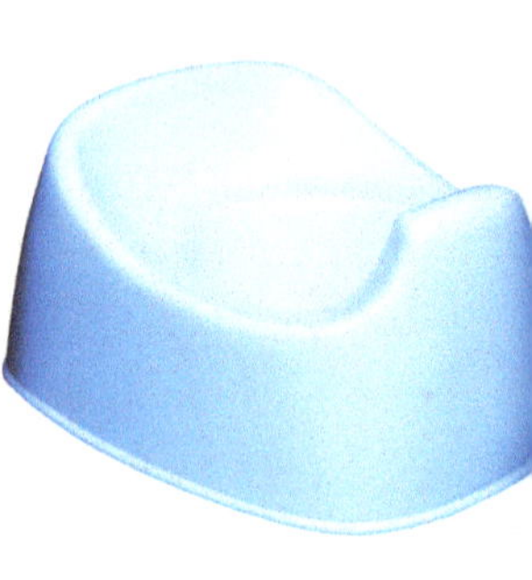

potty
табақша

baby bottle
балалар бөтелкесі

doll
қуыршақ

football
футбол

kite
батпырауық

dice
кубиктер

game console
ойын қосымшасы

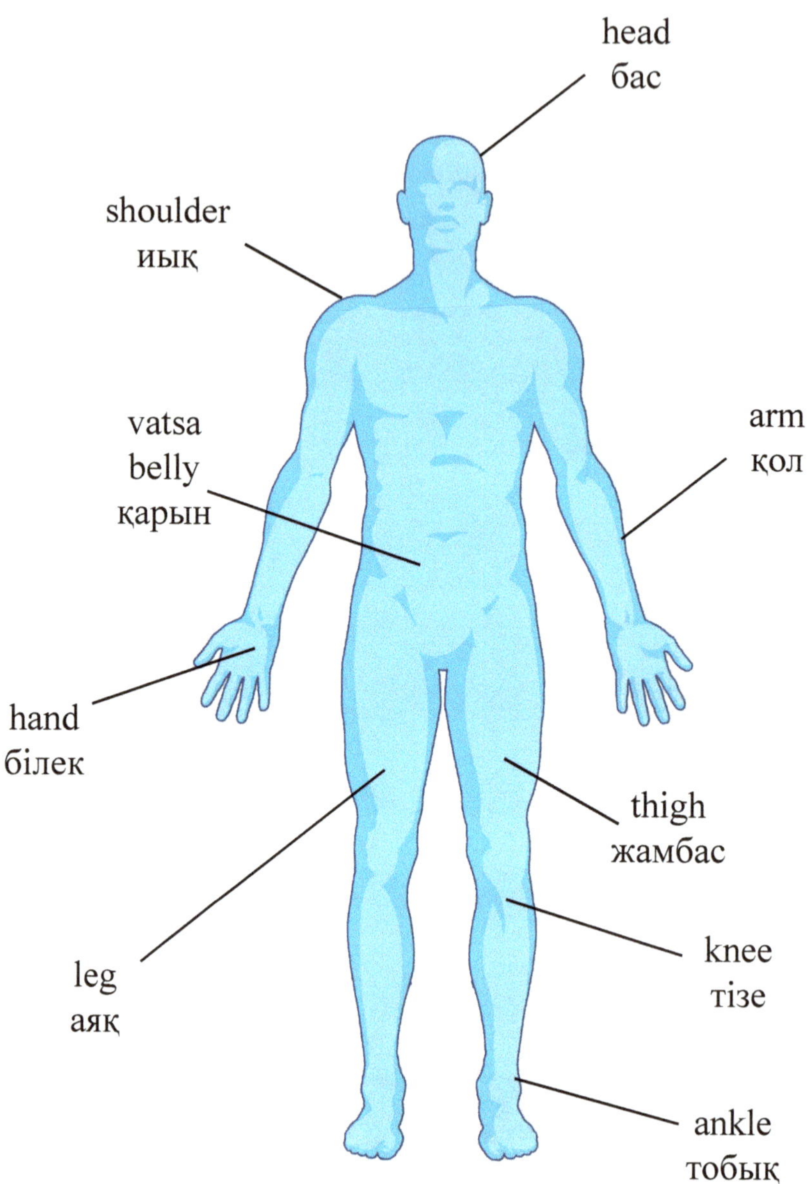

head
бас
shoulder
иық
arm
қол
vatsa
belly
қарын
hand
білек
thigh
жамбас
leg
аяқ
knee
тізе
ankle
тобық

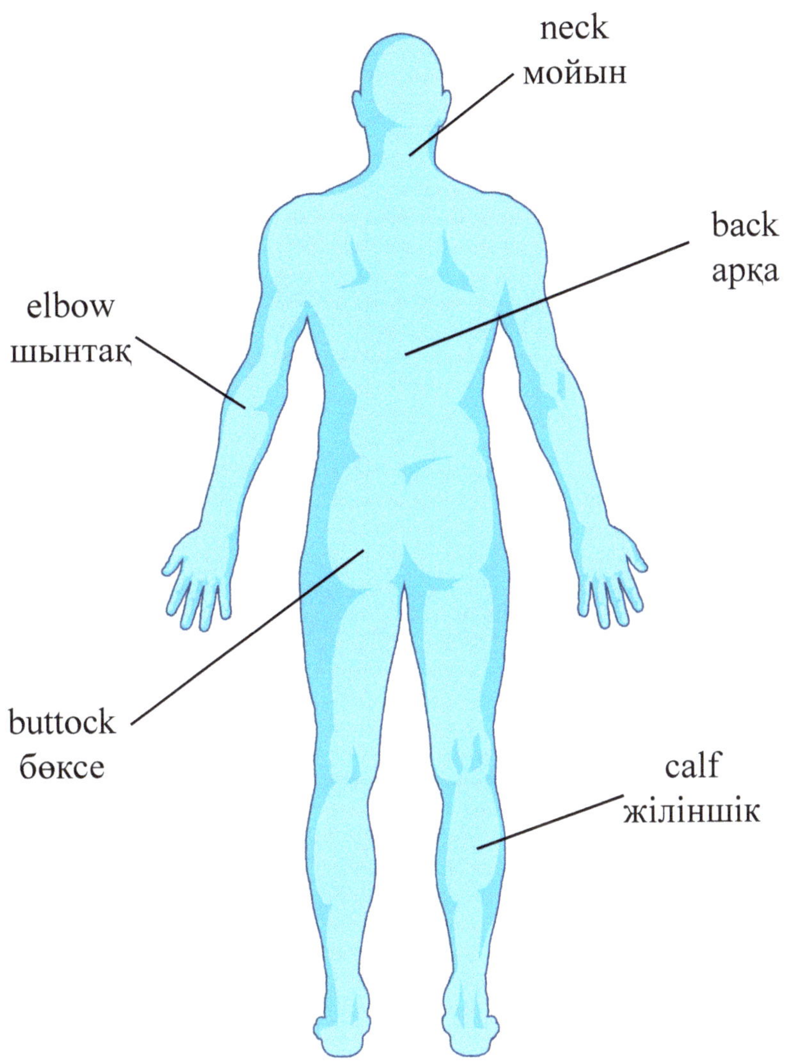

neck
мойын
back
арқа
elbow
шынтақ
buttock
бөксе
calf
жіліншік

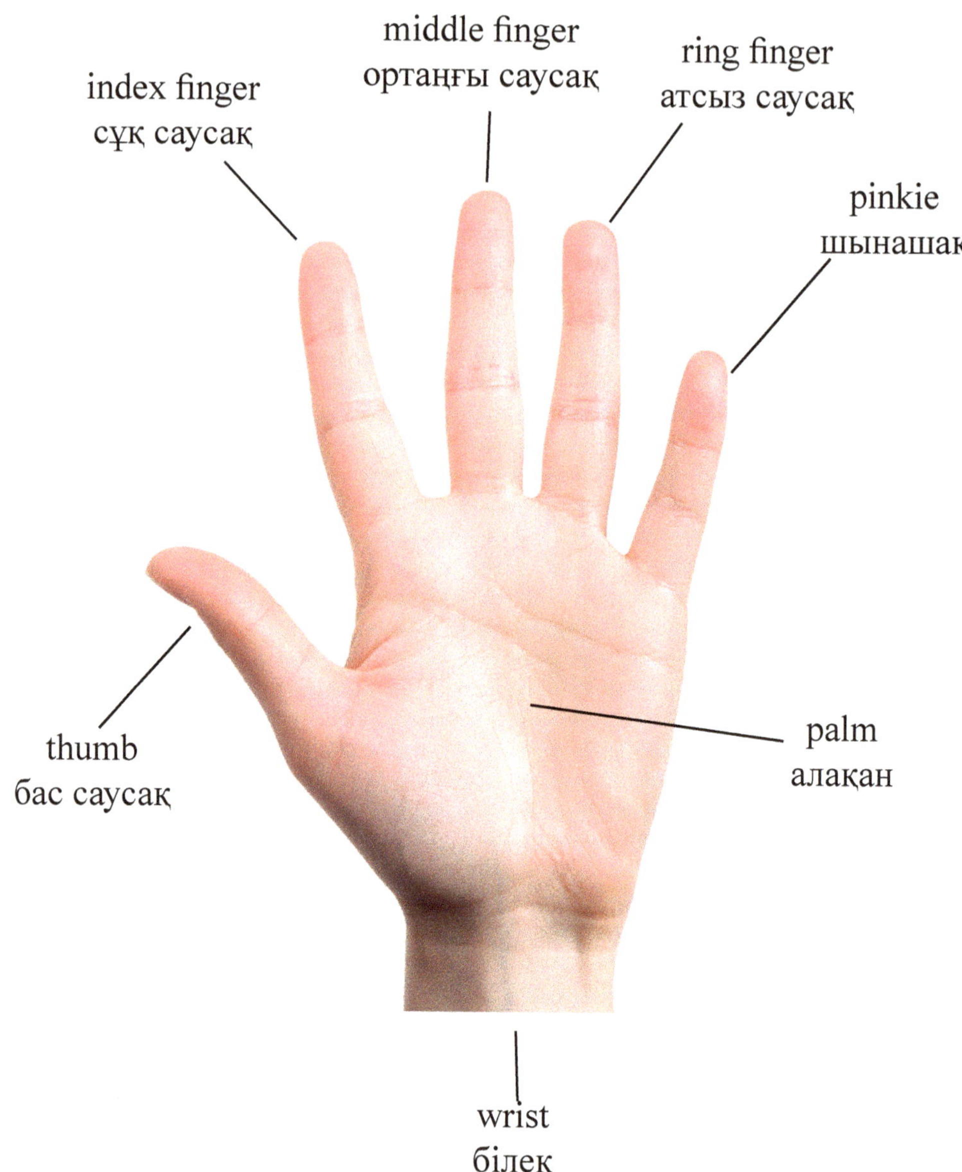

index finger
сұқ саусақ
middle finger
ортаңғы саусақ
ring finger
атсыз саусақ
pinkie
шынашақ
thumb
бас саусақ
palm
алақан
wrist
білек

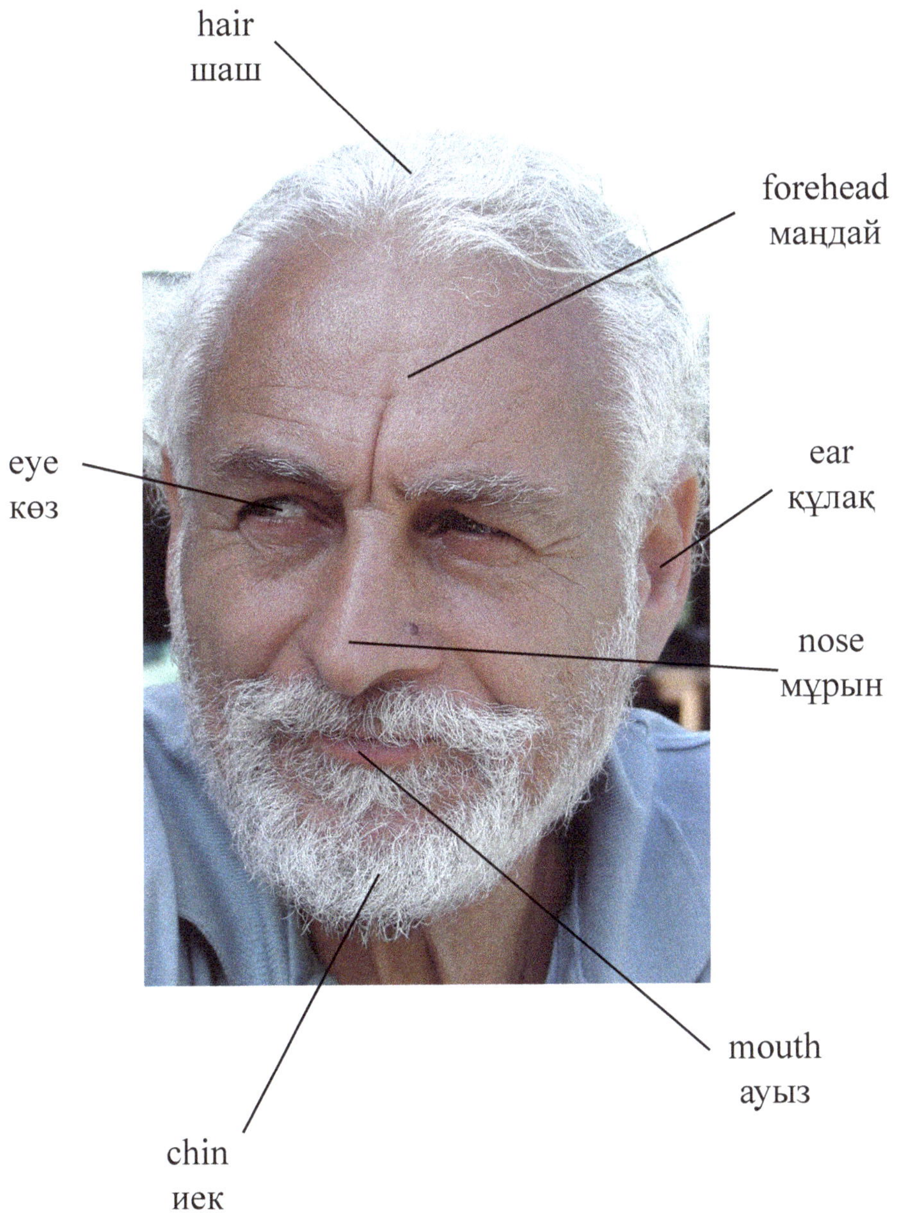

hair
шаш
forehead
маңдай
eye
көз
ear
құлақ
nose
мұрын
mouth
ауыз
chin
иек

pharmacy
дәріхана

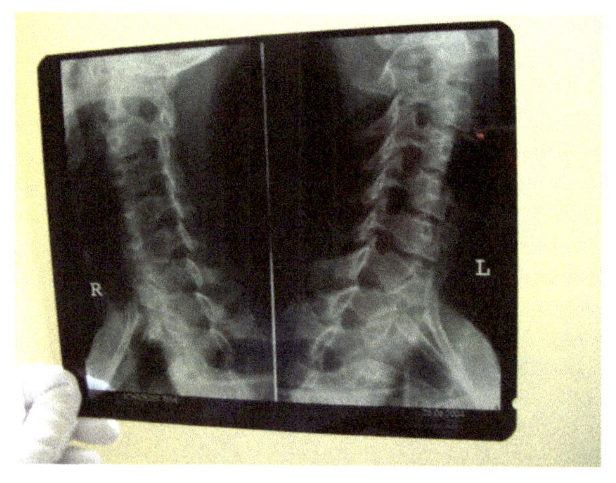

x-ray image
рентген суреті

thermometer
термометр

ambulance
жедел жәрдем көлігі

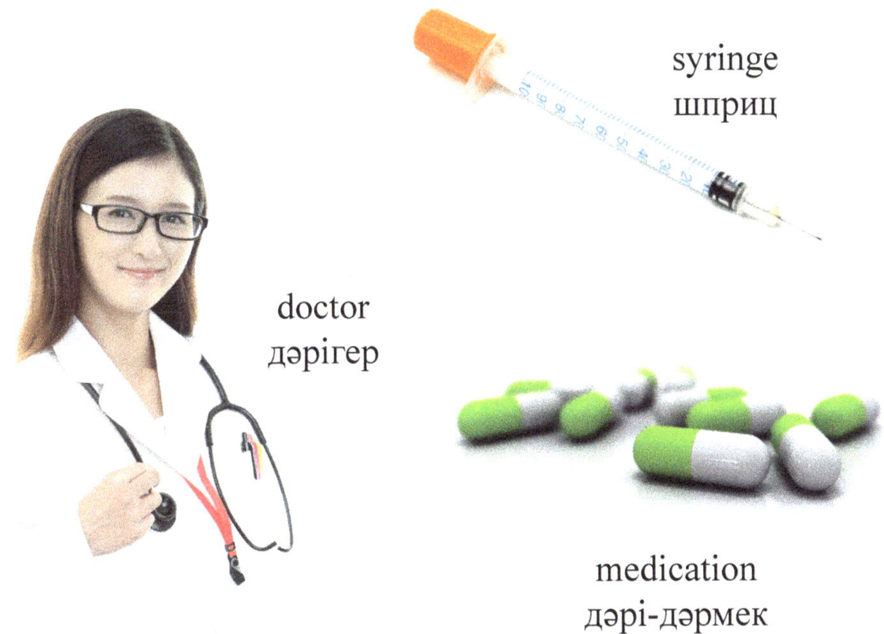

syringe
шприц

doctor
дәрігер

medication
дәрі-дәрмек

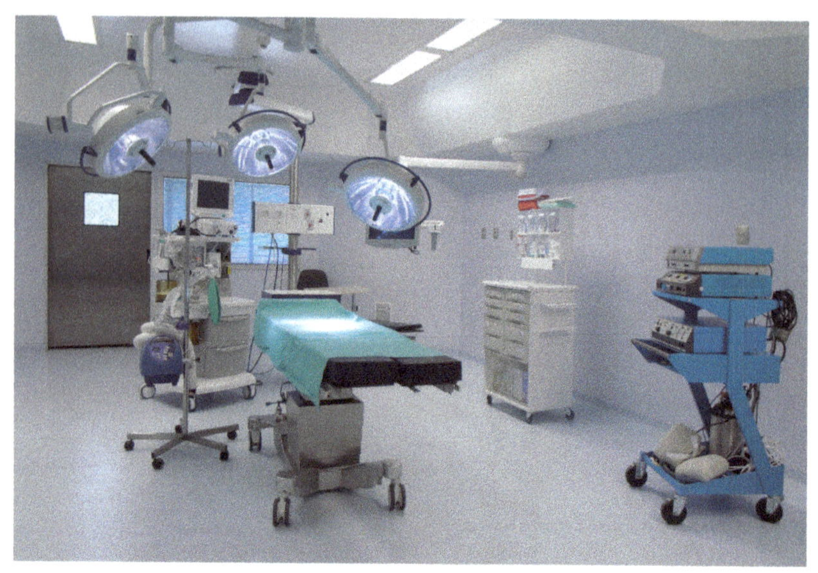

operating room
операция жасайтын бөлме

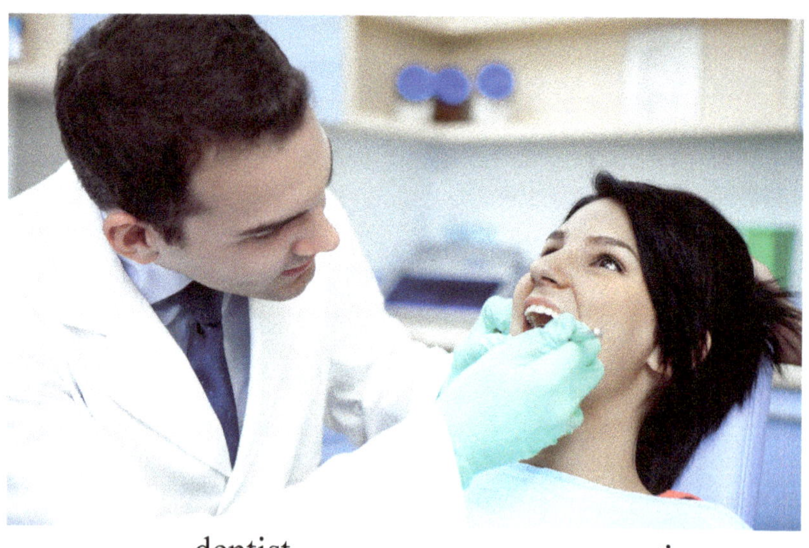

dentist
тіс дәрігері

patient
науқас

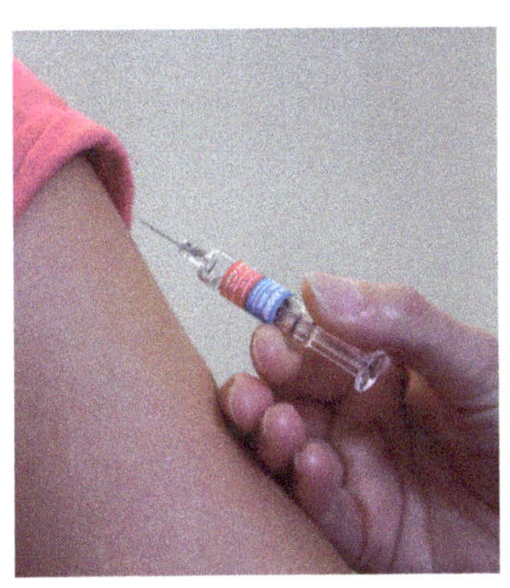

vaccination
егу

hospital
аурухана

band aid
лейкопластырь

wheelchair
мүгедек арбасы

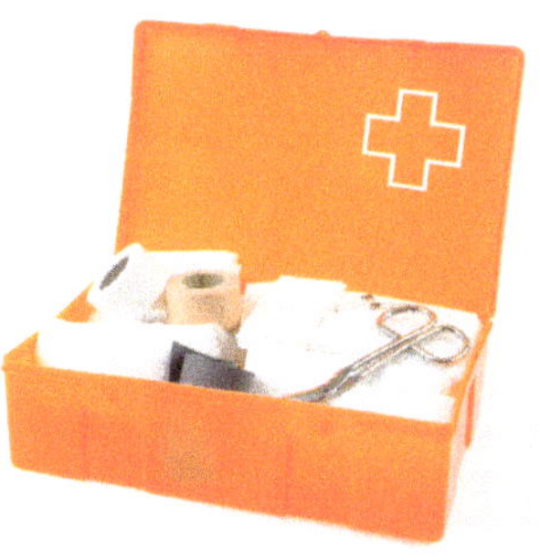

first aid kit
дәріқұты

to eat
жеу

to drink
ішу

to walk
жаяу жүру

to sit
отыру

to talk
сөйлеу

to laugh
күлу

to carry

апару

to stand

тұру

to smile

жымию

siivota
to clean
тазалау

laittaa ruokaa
to cook
пісіру

niistää
to sneeze
түшкіру

itkeä
to cry
жылау

to hug
жылау

to sleep
ұйықтау

to jump
секіру

to run
жүгіру

to swim
жүзу

to read

оқу

to teach

оқыту

to play

ойнау

to write

жазу

square
квадрат

triangle
үшбұрыш

rectangle
төртбұрыш

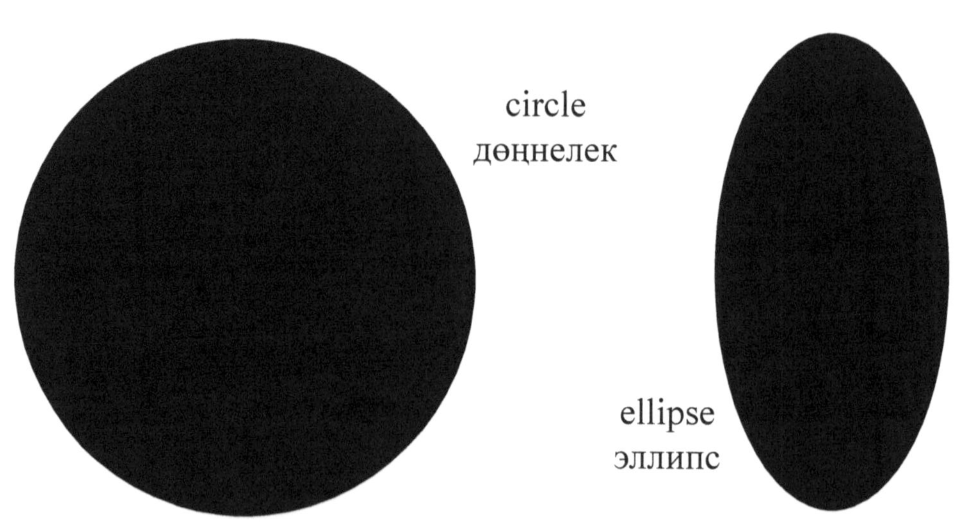

circle
дөңнелек

ellipse
эллипс

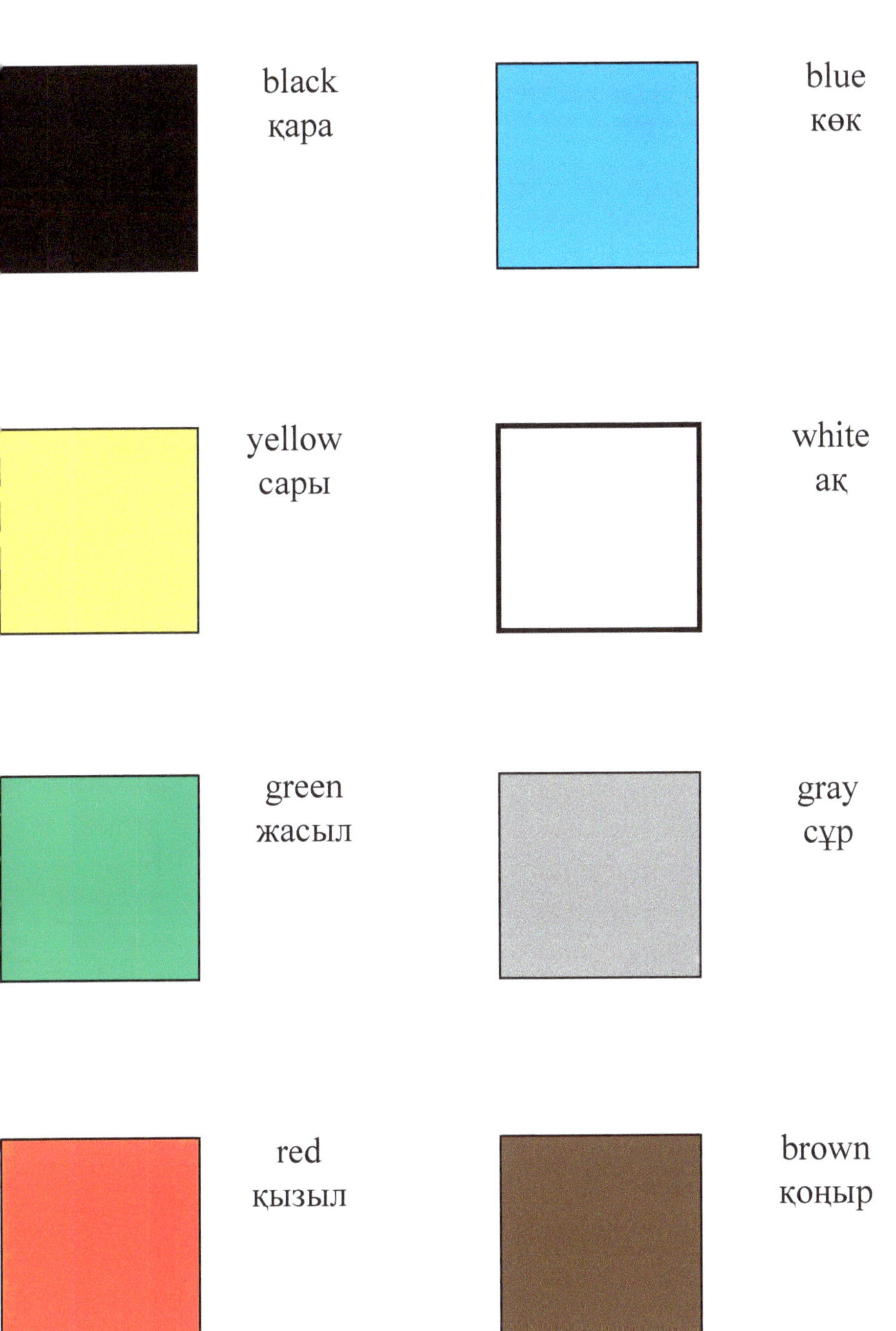

black
қара

blue
көк

yellow
сары

white
ақ

green
жасыл

gray
сұр

red
қызыл

brown
қоңыр

happy
бақытты

angry
ашулы

uncertain
сенімсіз

surprised
таңқалған

confused
шатасқан

supportive
қолдаушы

thoughtful
ойлы

doubtful
күмәнді

big
үлкен

small
кішкентай

fast
жылдам

slow
баяу

good
жақсы

bad
жаман

light
жеңіл

heavy
ауыр

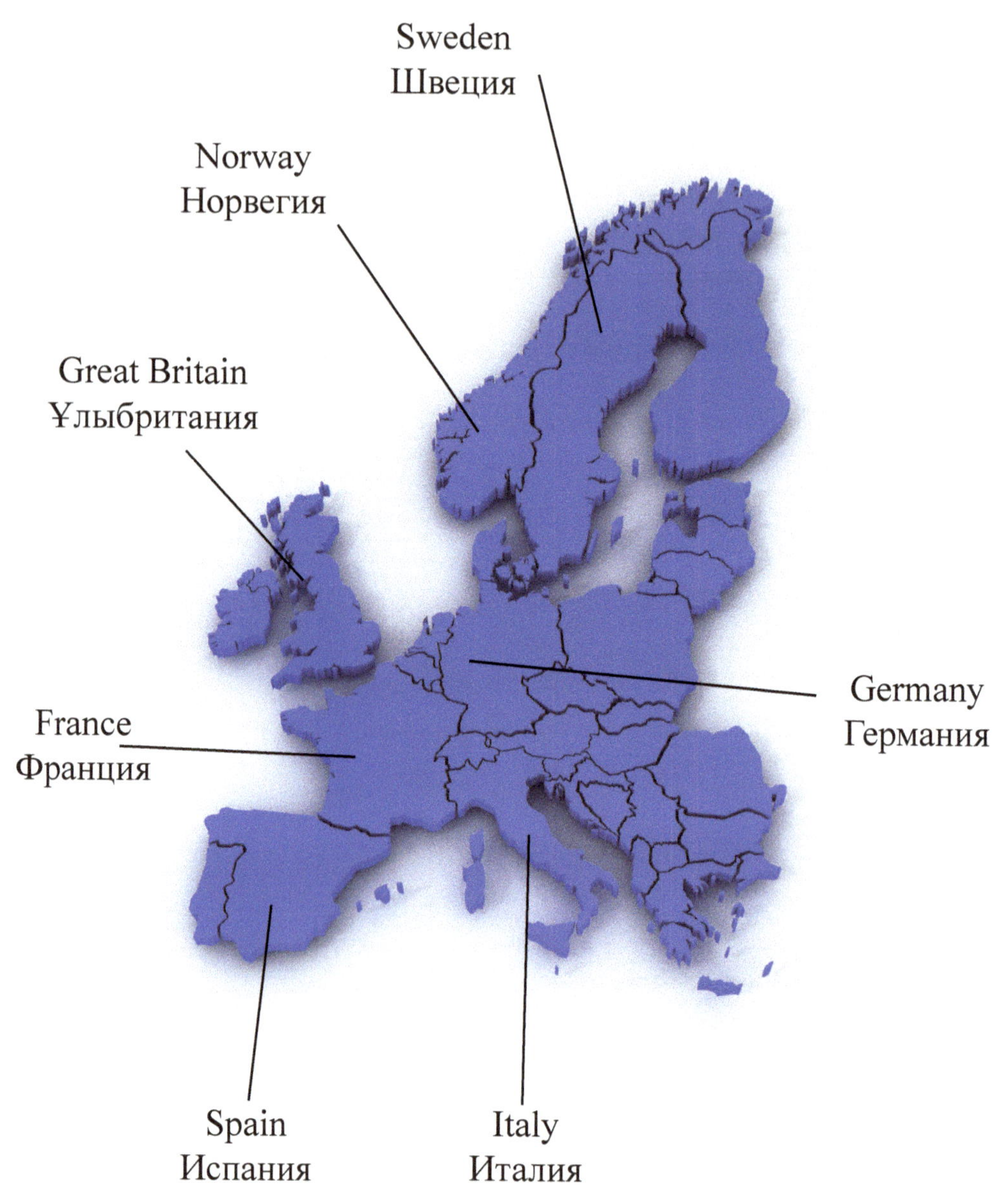

Sweden
Швеция
Norway
Норвегия
Great Britain
Ұлыбритания
France
Франция
Germany
Германия
Spain
Испания
Italy
Италия

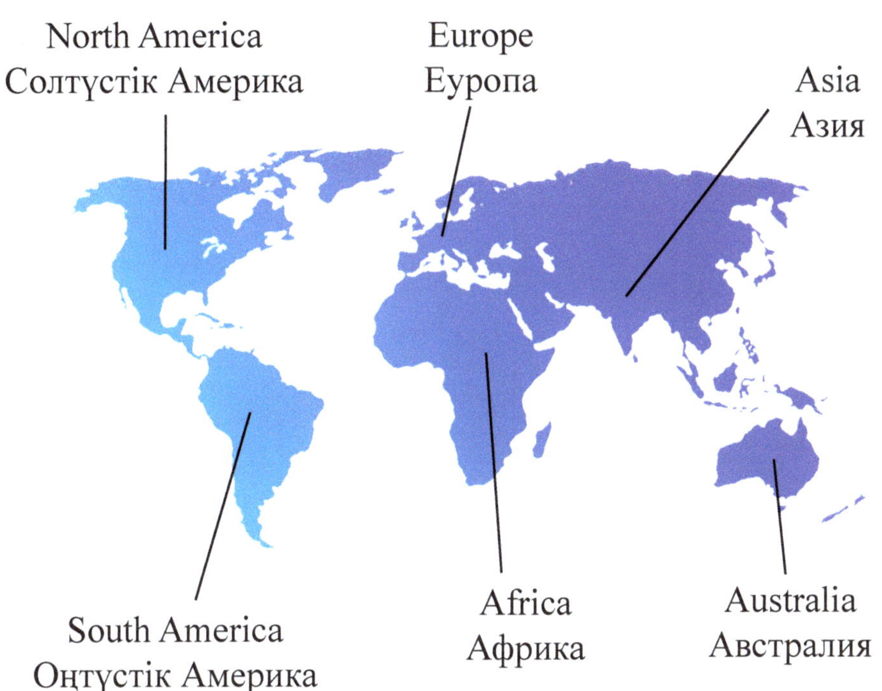

North America
Солтүстік Америка
Europe
Еуропа
Asia
Азия
South America
Оңтүстік Америка
Africa
Африка
Australia
Австралия

spring
көктем

summer
жаз

autumn
күз

winter
қыс